Ecosistemas

William B. Rice

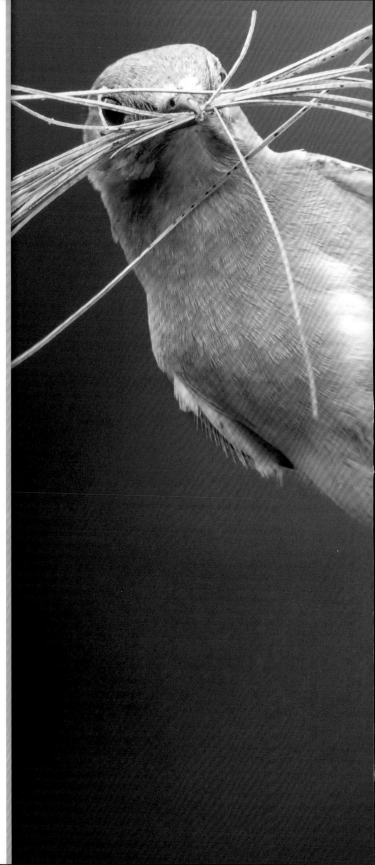

Asesoras

Sally Creel, Ed.D.
Asesora de currículo

Leann Iacuone, M.A.T., NBCT, ATC
Riverside Unified School District

Créditos de imágenes: pág.9 iStock; pág.14 (inferior) Andrew J. Martinez/Science Source; pág.7 (superior) Douglas Faulkner/Science Source; pág.16 (centro) John Mitchell/Science Source; pág.15 (superior) Len Rue, Jr./Science Source; págs.28–29 (ilustraciones) Janelle Bell-Martin; todas las demás imágenes cortesía de Shutterstock.

Teacher Created Materials

5301 Oceanus Drive
Huntington Beach, CA 92649-1030
http://www.tcmpub.com

ISBN 978-1-4258-4660-2

Contenido

La Tierra, el planeta con vida 4

¿Qué significa? 10

Partes de los ecosistemas 14

Tipos de ecosistemas 20

Todos juntos 26

¡Hagamos ciencia! 28

Glosario 30

Índice 31

¡Tu turno! 32

La Tierra, el planeta con vida

Las personas han estado por toda la Tierra. Han estado en todo tipo de **condiciones**. Han visto todo tipo de tierras. Han estado en calores feroces. Han estado en tormentas intensas. Han visto territorios empapados. Han visto tierras totalmente secas.

Estos pingüinos emperadores viven en la helada Antártida.

A cada lugar que van, las personas encuentran una cosa: vida. La Tierra está llena de vida. De hecho, es el único planeta que conocemos que tiene vida.

Los lagartos disfrutan del calor seco del desierto.

Los buzos nadan en la profundidad del océano.

Las personas estudian la Tierra y todo lo que contiene. Estudiamos la tierra, el agua y el aire. Hemos aprendido que las plantas y los animales están vivos. Sabemos que usan seres vivos y no vivos para sobrevivir.

Los modelos nos ayudan a ver cómo funcionan las cosas. Un tipo de modelo es una **jerarquía**. Clasifica grupos de cosas. En la naturaleza, se clasifica de más pequeño a más grande.

Ayudantes no vivos

Los seres vivos usan cosas no vivas como la tierra, el agua, el aire y la luz solar para sobrevivir.

Esta científica estudia un manatí para aprender más sobre el océano.

Esta científica realiza pruebas en el agua para saber qué tan limpia está.

¿Qué grupos están en la jerarquía de la vida? Un **organismo** es un solo ser vivo. Es parte de una población. Es decir, un grupo de otros seres como él mismo. Una población es parte de una comunidad. O sea, todas las poblaciones de un área. Las comunidades y los seres no vivos de un área forman un **ecosistema**.

Organismos

Cada ser vivo es un organismo. Los robles, los cuervos, las arañas, los arbustos de frambuesas, los pumas y los seres humanos son todos organismos.

ecosistema

comunidad

población

organismo

¿Qué significa?

¡*Ecosistema* es una palabra grande! En realidad son dos palabras en una. La primera parte proviene de la palabra *ecología*. Significa el estudio de los seres vivos en su hogar. Analiza cómo usan la tierra, el agua y el sol.

Un lince tiene pelaje largo para mantenerse abrigado en la nieve de los bosques de América del Norte, Europa y Asia.

Las tortugas marinas viven en casi todos los océanos del mundo.

Muchas mangostas viven en madrigueras en África.

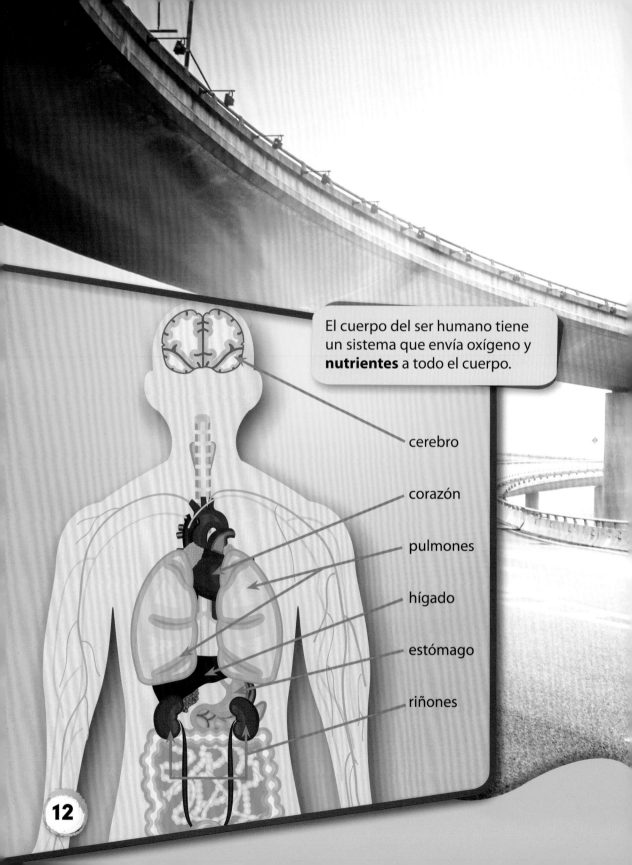

El cuerpo del ser humano tiene un sistema que envía oxígeno y **nutrientes** a todo el cuerpo.

cerebro

corazón

pulmones

hígado

estómago

riñones

La segunda parte de la palabra es *sistema*. Un sistema es un grupo de partes que trabajan juntas. Nuestras calles son un tipo de sistema. El cuerpo humano es otro tipo.

Junta las palabras. Un *ecosistema* es todo lo que vive en un determinado lugar. Incluye cómo los seres vivos usan la tierra, el agua y el sol. También incluye la forma en la que los seres vivos interactúan entre sí.

Las calles y las autopistas crean un sistema para conectar las ciudades y los pueblos.

Partes de los ecosistemas

Todos los seres vivos necesitan **energía**. La mayoría de las plantas obtienen energía del sol. Usan la luz solar para producir alimento. También usan los nutrientes del suelo. A las plantas las llamamos **productoras**. Producen, o generan, ellas mismas el alimento.

Algunos seres vivos obtienen energía de otros seres vivos. Se los comen. Los llamamos **consumidores**. Comen, o consumen, plantas o animales.

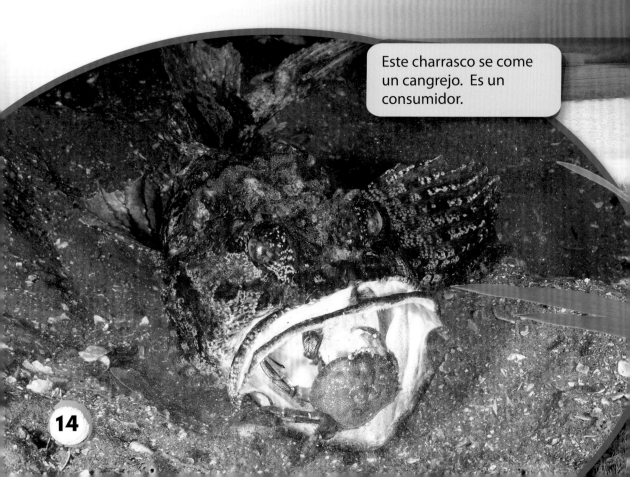

Este charrasco se come un cangrejo. Es un consumidor.

Los leones son consumidores. Comen otros animales para obtener energía.

Un conejo es un consumidor. Come plantas.

El césped es un productor.

Algunos seres vivos obtienen energía de cosas muertas. Los llamamos **descomponedores**. Descomponen, o desintegran, los seres vivos que han muerto. Son principalmente seres vivos muy pequeños, tales como hongos. Los productores pueden usar lo que los descomponedores dejan detrás para producir su alimento.

Hongos

Los hongos son organismos que por lo general viven en el suelo. Las setas son el fruto de determinados grupos de hongos.

Hay muchos descomponedores en un pantano.

Los mohos en estas frutas son tipos de hongos. Son descomponedores.

¿Alguna vez has pasado al lado de un bote de basura apestosa? ¡Ese es el olor de la descomposición!

setas

17

Estos pájaros comen garrapatas de este joven impala.

Todos los seres vivos en un ecosistema dependen unos de otros. Están en **equilibrio**. Un ecosistema necesita la cantidad justa de cada cosa. De esta forma, cada ser vivo recibe lo que necesita.

Un camarón de banda blanca limpia a una anguila.

Los monos macacos se acicalan unos a otros para quitarse los insectos no deseados.

Tipos de ecosistemas

Existen muchos ecosistemas. Son de tres tipos principales: terrestres, marinos y de agua dulce.

Terrestres

Los ecosistemas terrestres están en la tierra. Un desierto es un ejemplo. Hay muchos desiertos en la Tierra. Son muy calurosos y secos. No reciben mucha lluvia o nieve.

Las plantas en los desiertos generalmente están lejos unas de otras. De esta forma, cada una pueda obtener el agua que necesita. Las plantas son más pequeñas que aquellas que se encuentran en las áreas húmedas. Las plantas pequeñas necesitan menos agua. Los animales en los desiertos también pueden vivir con poca agua.

Los animales en los desiertos son principalmente reptiles e insectos.

Las cebras viven en los pastizales. Un pastizal es un ecosistema terrestre.

Otros ecosistemas

Otros ecosistemas terrestres incluyen los bosques boreales, los pastizales, las sabanas y los bosques tropicales húmedos.

Muchos animales que viven en el desierto son nocturnos. Significa que duermen durante el día y están activos de noche.

Marinos

Marino significa "del océano". Hay mucha vida en el océano. La mayoría de los animales y las plantas del océano viven cerca de la costa. Hay mucho alimento y luz ahí. Las plantas diminutas flotan en el agua. Las plantas grandes crecen en el suelo marino. Los animales marinos comen las plantas. Los animales marinos grandes comen animales pequeños. Así es cómo la energía del sol se mueve a través del sistema.

Otros ecosistemas marinos

Otros tipos de ecosistemas marinos incluyen el mar profundo, el océano abierto y el estuario.

Los ecosistemas de la plataforma continental se encuentran cerca de la costa.

Los estuarios están donde los ríos desembocan en los océanos o en los mares.

Agua dulce

Los ecosistemas de agua dulce incluyen lagos y estanques. El agua ahí es calmada. Muchas plantas y animales viven cerca de la costa. Otros viven más profundo dentro del agua. Los organismos grandes y pequeños nadan y flotan en el agua. Algunas criaturas pequeñas incluso viven en el fango que hay en el fondo.

El agua de los ecosistemas de agua dulce no es salada como el agua del océano.

Las plantas usan energía del sol. Los animales comen las plantas. Los animales grandes se comen a los animales pequeños. Así es cómo comparten la energía del sol.

Otros ecosistemas de agua dulce

Otros ecosistemas de agua dulce incluyen ríos, arroyos, ciénagas, pantanos y humedales.

Este pez vive en un pantano.

Todos juntos

El equilibrio es la clave para un ecosistema saludable. Si hay demasiado o muy poco de algo, hay un problema. Cada cosa debe estar en su lugar y en la cantidad justa. Así es el equilibrio.

Existen cosas en la naturaleza que pueden cambiar el equilibrio. Puede haber un incendio o una inundación. Puede hacer demasiado calor. Puede llover muy poco. Pero más a menudo, las personas pueden causar un cambio. Podemos contaminar el aire. Podemos talar demasiados árboles. Podemos plantar plantas que no pertenecen al lugar.

Esta playa está contaminada con basura.

Los seres vivos cuentan con nosotros para que cuidemos sus hogares. Todos vivimos en un gran ecosistema. La Tierra es su hogar. También es nuestro hogar.

Esta buzo es cuidadosa mientras nada con peces tropicales.

¡Hagamos ciencia!

¿Cómo puedes cambiar el equilibrio de algo?
¡Obsérvalo por ti mismo!

Qué conseguir

- ○ cinta de enmascarar
- ○ marcador
- ○ monedas
- ○ piedras pequeñas
- ○ sujetapapeles
- ○ vara de medir o regla

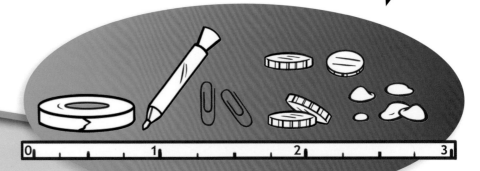

Qué hacer

1   Coloca cinta en cada extremo de la vara de medir o la regla. Marca un lado *A* y un lado *B*.

2   Usa el dedo para encontrar el punto de equilibrio de la vara de medir. Márcalo con cinta.

3   Pega con cinta un sujetapapeles en el lado *A*. Encuentra el nuevo punto de equilibrio.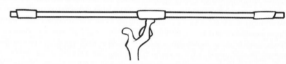

4   Pega con cinta una moneda en el lado *B*. Encuentra el nuevo punto de equilibrio.

5   Pega con cinta una roca pequeña en el lado *B*. Encuentra el nuevo punto de equilibrio.

6   Pega con cinta más sujetapapeles, monedas y piedras en cada uno de los lados hasta que vuelvas a encontrar el punto de equilibrio central. ¿Qué tan fácil es cambiar el equilibrio de algo?

Glosario

condiciones: circunstancias; cómo son las cosas

consumidores: organismos que comen plantas, animales o ambos

descomponedores: organismos que descomponen y se alimentan de plantas y animales muertos

ecosistema: todo lo que existe en un determinado lugar

energía: potencia que puede usarse para hacer algo

equilibrio: el estado de las cosas que están en igual cantidad o posición

jerarquía: una forma de organizar y clasificar las cosas, tal como de grupos pequeños a grupos grandes

nutrientes: sustancias que necesitan las plantas, los animales y las personas para vivir y crecer

organismo: un ser vivo individual

productores: organismos que producen su propio alimento

Índice

consumidores, 14–15

descomponedores, 16–17

ecología, 10

ecosistemas de agua dulce,
24–25

ecosistemas marinos, 23

ecosistemas terrestres,
20–21

equilibrio, 19, 26, 28–29

jerarquía, 6, 8

organismo, 8–9, 16, 24

productores, 14–16

Descubre un ecosistema

Busca un área al aire libre que tenga algunas plantas.
¿Cuántas plantas diferentes ves? ¿Ves algún animal?
¿Hay hojas y ramitas en el suelo? Mueve las hojas.
Mira debajo. ¿Qué ves? Haz un dibujo de este pequeño
ecosistema.